Ulrich Renz · Marc Robitzky

Die wilden Schwäne

გარეული გედები

Zweisprachiges Bilderbuch nach einem Märchen von

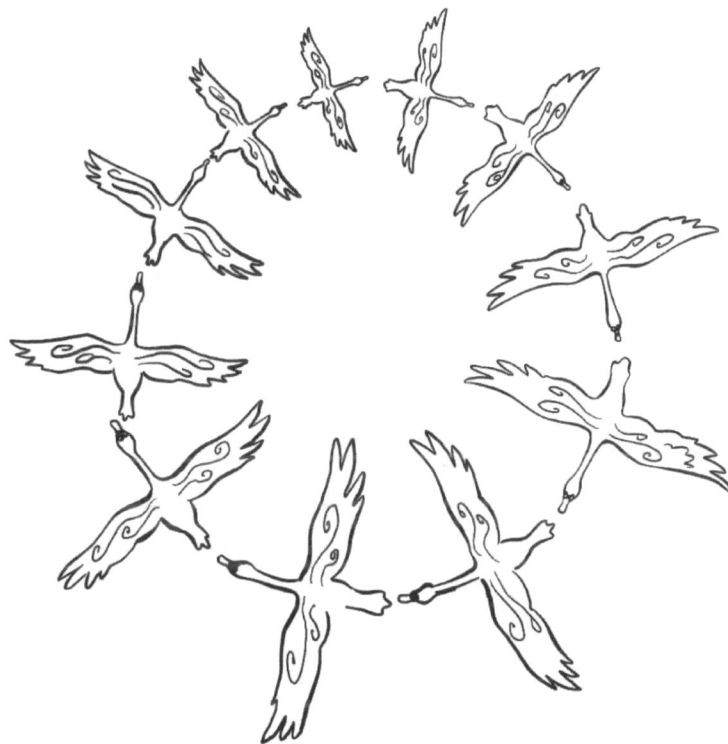

Hans Christian Andersen

Übersetzung:

Veronika Esswein-Tchankvetadze (Georgisch)

Hörbuch und Video:

www.sefa-bilingual.com/bonus

Kostenloser Zugang mit dem Kennwort:

Deutsch: **WSDE1314**

Georgisch: უკაცრავად, აუდიოწიგნები ან ვიდეოები ჯერ არ არის ხელმისაწვდომი ამ ენაზე. **(Sorry, audio or video not yet available.)**

Wir arbeiten derzeit daran, Ihnen möglichst viele unserer bilingualen Bücher auch als Hörbücher und Videos zur Verfügung zu stellen. Bitte haben Sie noch etwas Geduld, falls es in Ihrer Sprache noch keine Audio- oder Videoversion gibt! Sie können sich über den Stand unserer Arbeiten auf unserer Webseite informieren: www.sefa-bilingual.com/languages

Es waren einmal zwölf Königskinder – elf Brüder und eine große Schwester, Elisa. Sie lebten glücklich in einem wunderschönen Schloss.

იყო და არა იყო რა, ღვთის უკეთესი რა იქნებოდა. იყო ერთი მეფე, რომელსაც თორმეტი შვილი ჰყავდა – თერთმეტი ძმა და მათი უფროსი და ელიზა. ყველანი ერთად და ბედნიერად, ულამაზეს სასახლეში ცხოვრობდნენ.

Eines Tages starb die Mutter, und einige Zeit später heiratete
der König erneut. Die neue Frau aber war eine böse Hexe.
Sie verzauberte die elf Prinzen in Schwäne und schickte sie
weit weg in ein fernes Land jenseits des großen Waldes.

მაგრამ სამწუხაროდ ბავშვებს დედა ადრე გარდაეცვალათ და რამდენიმე ხნის შემდეგ მეფემ ხელმეორედ იქორწინა. ახალი ცოლი ბოროტი ჯადოქარი იყო. რომელმაც თერთმეტი პრინცი მოჯადოვა – გარეულ გედებად გადააქცია და სახლიდან ძალიან შორს, შორეული ქვეყნის უზარმაზარ ტყეში განდევნა.

Dem Mädchen zog sie Lumpen an
und schmierte ihm eine hässliche
Salbe ins Gesicht, so dass selbst
der eigene Vater es nicht mehr
erkannte und aus dem Schloss
jagte. Elisa rannte in den dunklen
Wald hinein.

ელიზას კი ძველმანები ჩააცვა, სახეზე
ჯადოსნური საცხი წაუსვა და გოგონას
სახე ისე დაუმახინჯა, რომ საკუთარმა
მამამაც კი ვეღარ იცნო და
სასახლიდან განდევნა. ელიზას სხვა
გზა არ ქონდა, უღრან ტყეში გაიქცა და
იქ შეაფარა თავი.

Jetzt war sie ganz allein und sehnte sich aus tiefster Seele nach ihren verschwundenen Brüdern. Als es Abend wurde, machte sie sich unter den Bäumen ein Bett aus Moos.

ტყეში მარტო დარჩენილი გოგონა ძალიან დარდობდა თავის ოჯახზე და ენატრებოდა თავისი გაუჩინარებული ძმები. ამასობაში მოსაღამოვდა კიდეც და ღამის გასათევად ხეების ქვეშ ხავსისაგან ლოგინი გაიკეთა.

Am nächsten Morgen kam sie zu einem stillen See und erschrak, als sie darin ihr Spiegelbild sah. Nachdem sie sich aber gewaschen hatte, war sie das schönste Königskind unter der Sonne.

მეორე დღეს ელიზა გზას გაუდგა და როცა ერთ წყნარ ტბასთან მივიდა და შიგ ჩაიხედა რათა საკუთარი ანარეკლი დაინახა - შეეშინდა. მაგრამ როგორც კი სახე დაიბანა და გაიწმინდა, ისევ ულამაზეს მეფის ასულად გადაიქცა მთელ დედამიწაზე.

Nach vielen Tagen erreichte Elisa
das große Meer. Auf den Wellen
schaukelten elf Schwanenfedern.

რამდენიმე დღის სიარულის შემდეგ
კი ელიზამ უკიდეგანო ზღვამდე
მიაღწია, რომლის ტალღებზეც
თერთმეტი გედის ბუმბული
დასრიალებდა.

Als die Sonne unterging, war ein Rauschen in der Luft, und elf wilde Schwäne landeten auf dem Wasser. Elisa erkannte ihre verzauberten Brüder sofort. Weil sie aber die Schwanensprache sprachen, konnte sie sie nicht verstehen.

როგორც კი მზე ჩავიდა, ატყდა ფრთების თქარუნი და თერთმეტი
გარეული გედი წყალზე დაეშვა. ელიზამ იმწუთასვე იცნო თავისი
მოჯადოებული ძმები, მაგრამ იმის გამო რომ გედების ენა ელიზას
არ ესმოდა, ვერ შეძლეს რომ ერთმანეთს დალაპარაკებოდნენ.

Tagsüber flogen die Schwäne fort, nachts kuschelten sich die Geschwister in einer Höhle aneinander.

Eines Nachts hatte Elisa einen sonderbaren Traum: Ihre Mutter sagte ihr, wie sie die Brüder erlösen könne. Aus Brennnesseln solle sie für jeden Schwan ein Hemdchen stricken und es ihm überwerfen. Bis dahin aber dürfe sie kein einziges Wort reden, sonst müssten ihre Brüder sterben. Elisa machte sich sofort an die Arbeit. Obwohl ihre Hände wie Feuer brannten, strickte sie unermüdlich.

დღის განმავლობაში გედები შორს მიფრინავდნენ. ღამით კი გამოქვაბულში და- ძმები ერთმანეთს ეხუტებოდნენ.

ერთ ღამეს ელიზას დედამისი ესიზმრა და ასწავლა თუ როგორ უნდა დაეხსნა ძმები ჯადოსაგან. ჭინჭრისგან სათითაოდ ყველასთვის პერანგი უნდა მოექსოვა და ჩაეცმია კიდეც. ოღონდ მანამდე სანამ თავის საქმეს არ მორჩებოდა, არავისთვის არ უნდა გაეცა ხმა, თორემ მისი ძმები დაიღუპებოდნენ.
ელიზა მაშინვე შეუდგა საქმეს და მიუხედავად იმისა რომ მის ხელებს ცეცხლი ეკიდებოდა, მაინც უსიტყვოდ ქსოვდა.

Eines Tages ertönten in der Ferne Jagdhörner. Ein Prinz kam mit seinem Gefolge angeritten und stand schon bald vor ihr. Als die beiden sich in die Augen schauten, verliebten sie sich ineinander.

ერთ დღეს ბუკ - ნაღარის ხმა გაისმა და სანადიროდ წამოსული ამალა, პრინცის თანხლებით ელიზას პირისპირ აღმოჩნდა და როგორც კი ელიზამ და პრინცმა ერთმანეთს თვალებში ჩახედეს, ერთი ნახვით შეუყვარდათ ერთმანეთი.

Der Prinz hob Elisa auf sein Pferd und nahm sie mit auf sein Schloss.

პრინცმა ელიზა ცხენზე შემოისვა და სასახლეში წაიყვანა.

Der mächtige Schatzmeister war über die Ankunft der stummen Schönen alles andere als erfreut. Seine eigene Tochter sollte die Braut des Prinzen werden.

ძლევამოსილი ხაზინადარი არ იყო გახარებული მუნჯი ლამაზმანის გამოჩენით. რადგან საკუთარი ქალიშვილი უნდოდა პრინცის მეუღლე რომ გამხდარიყო.

Elisa hatte ihre Brüder nicht vergessen. Jeden Abend arbeitete sie weiter an den Hemdchen. Eines Nachts ging sie hinaus auf den Friedhof, um frische Brennnesseln zu holen. Dabei beobachtete der Schatzmeister sie heimlich.

მიუხედავად ყველაფრისა, ელიზას არ დავიწყებია თავისი ძმები და ყოველ საღამოს ისევ პერანგებს ქსოვდა. ერთ ღამეს ჭინჭარი შემოელია და სასაფლაოზე გავიდა ახალი ჭინჭრის მოსატანად და არ იცოდა, რომ ამ დროს ხაზინადარი ჩუმად უთვალთვალებდა.

Sobald der Prinz auf einem Jagdausflug war, ließ der Schatzmeister Elisa in den Kerker werfen. Er behauptete, dass sie eine Hexe sei, die sich nachts mit anderen Hexen treffe.

როგორც კი პრინცი სანადიროდ წავიდა, დრო იხელთა ხაზინადარმა და ელიზა ციხეში ჩააგდო, იმ ბრალდებით რომ იგი იყო ჯადოქარი და ღამ - ღამობით სხვა ჯადოქრებს ხვდებოდა სასაფლაოზე.

Im Morgengrauen wurde Elisa von den Wachen abgeholt. Sie sollte auf dem Marktplatz verbrannt werden.

გამთენიისას მცველებმა ელიზა ქალაქის მოედნისკენ წაიყვანეს. სადაც იგი უნდა დაესაჯათ, კოცონზე დაწვით.

Kaum war sie dort angekommen, als plötzlich elf weiße
Schwäne geflogen kamen. Schnell warf Elisa jedem ein
Nesselhemdchen über. Bald standen alle ihre Brüder in
Menschengestalt vor ihr. Nur der Kleinste, dessen Hemd
nicht ganz fertig geworden war, behielt anstelle eines Armes
einen Flügel.

როგორც კი ელიზამ მოედანს მიაღწია, უცებ ციდან თერთმეტი
თეთრი გედი დაეშვა. საჩქაროდ გადააცვა ელიზამ მოქსოვილი
პერანგები სათითაოდ და უცებ ყველა, მის თერთმეტივე ძმას
ადამიანის შეხედულება და სახე დაუბრუნდა. მარტო ყველაზე
უმცროსის, პერანგი არ იყო ბოლომდე დამთავრებული და ხელის
ნაცვლად ისევ გედის ფრთა შერჩა.

Das Herzen und Küssen der Geschwister hatte noch kein Ende genommen, als der Prinz zurückkam. Endlich konnte Elisa ihm alles erklären. Der Prinz ließ den bösen Schatzmeister in den Kerker werfen. Und dann wurde sieben Tage lang Hochzeit gefeiert.

Und wenn sie nicht gestorben sind, dann leben sie noch heute.

ერთმანეთის მოხვევას და ჩახუტებას აღარ უჩანდა ბოლო და- ძმებს შორის. როგორც კი პრინცი ნადირობიდან დაბრუნდა, ელიზამ ყველაფერი უამბო. ბოროტი ხაზინადარი პრინცმა დასაჯა და ციხეში ჩააგდო. ამ ყველაფრის შემდეგ კი პრინცმა და ელიზამ ზღაპრული ქორწილი გადაიხადეს, რომელსაც შვიდი დღის განმავლობაში ზეიმობდნენ.

ჭირი - იქა, ლხინი - აქა, ქატო - იქა ფქვილი - აქა!

Hans Christian Andersen

Hans Christian Andersen wurde 1805 in der dänischen Stadt Odense geboren, und starb 1875 in Kopenhagen. Mit seinen Kunstmärchen wie „Die kleine Meerjungfrau", „Des Kaisers neue Kleider" oder „Das hässliche Entlein" erlangte er Weltruhm. Das vorliegende Märchen, „Die wilden Schwäne", wurde erstmals 1838 veröffentlicht. Es wurde seitdem in über hundert Sprachen übersetzt und in vielen Fassungen, u.a. auch für Theater, Film und Musical, nacherzählt.

Malst du gerne?

Hier findest du noch mehr Bilder der Geschichte zum Ausmalen:

www.sefa-bilingual.com/coloring

Viel Spaß!

Schlaf gut, kleiner Wolf

ძილი ნებისა, პატარა მგელო

Ulrich Renz / Barbara Brinkmann

Deutsch   *bilingual*   **Georgisch**

▶ Lesealter: ab 2 Jahren

Tim kann nicht einschlafen. Sein kleiner Wolf ist weg! Hat er ihn vielleicht draußen vergessen?
Ganz allein macht er sich auf in die Nacht – und bekommt unerwartet Gesellschaft...

In Ihren Sprachen verfügbar?

▶ Schauen Sie in unserem „Sprachen-Zauberhut" nach:

www.sefa-bilingual.com/languages

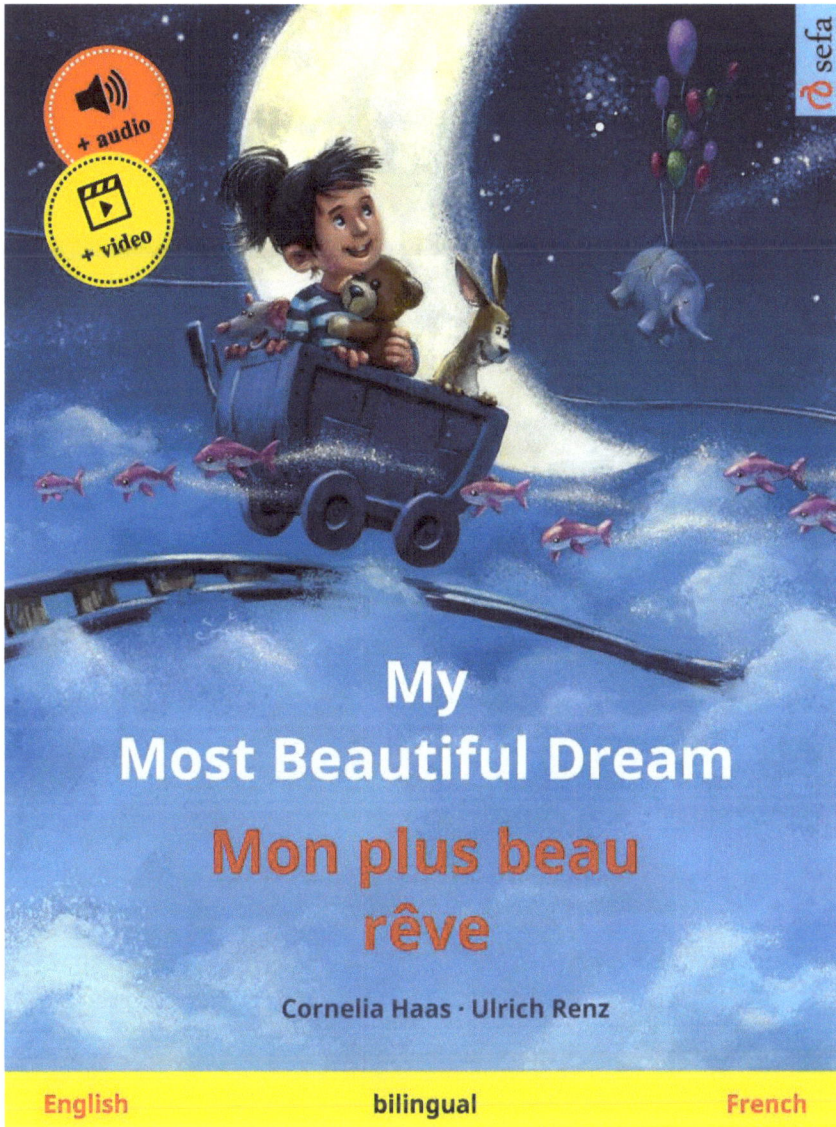

My
Most Beautiful Dream
Mon plus beau
rêve

Cornelia Haas · Ulrich Renz

English   bilingual   French

► Lesealter: ab 2-3 Jahre

Lulu kann nicht einschlafen. Alle ihre Kuscheltiere träumen schon – der Haifisch,
der Elefant, die kleine Maus, der Drache, das Känguru, und der Babylöwe. Auch dem
Bären fallen schon fast die Augen zu ...
Du Bär, nimmst du mich mit in deinen Traum?
So beginnt für Lulu eine Reise, die sie durch die Träume ihrer Kuscheltiere führt
– und am Ende in ihren eigenen allerschönsten Traum.

In Ihren Sprachen verfügbar?

► Schauen Sie in unserem „Sprachen-Zauberhut" nach:

www.sefa-bilingual.com/languages

© 2023 by Sefa Verlag Kirsten Bödeker, Lübeck, Germany
www.sefa-verlag.de

sefa

Special thanks to: Paul Bödeker, Freiburg, Germany

ISBN: 9783739958743

www.sefa-bilingual.com